DR. GUSTAVO EDUARDO D'ELIA

Como monitorear las ISO 9000

1RA. EDICION

2001

LIBRERIA Y EDITORIAL ALSINA

PARANA 137 - BUENOS AIRES - ARGENTINA

TEL.(54)(011)4373-2942 Y TELEFAX (54)(011)4371-9309

Queda hecho el depósito que establece la ley 11.723
Buenos Aires, 2001

Para contactarse con el autor, hágalo por e-mail al:
mdconsultores@infovia.com.ar
o visite su página:
htpp://www/adluminare.com

Diseño de Tapa, diagramación, gráficas y armado de interior:
Pedro Claudio Rodríguez
Telefax (54)(011) 4372-3336
Celular (15) 4444-9236

IMPRESO EN ARGENTINA

I.S.B.N 950-553-072-2

Librería y Editorial Alsina pretende con esta serie de libros de rápida lectura, mantener al Gerente actual preparado para el año 2000, y al alumno capacitarlo para el gran desafío del nuevo siglo.

Estamos seguros que los diversos tratados, que incluyen CALIDAD, PRODUCTIVIDAD, LOGISTICA, SALUD, ETICA, SISTEMAS, y otros temas que se irán incorporando, serán de suma utilidad para mantener informado al lector en las últimas disciplinas empresariales.

Los autores son profesores nacionales e internacionales con un marcado y profundo esquema de investigación y puesta en práctica de los temas desarrollados. La idea es combinar lo académico con la capacitación y su puesta en marcha en el nuevo esquema de empresa que el milenio por venir nos exige.

Antiguamente, se formaban profesionales academicamente, y no con una aplicación práctica en la empresa. Para que ello no ocurra mas, formemos a partir de hoy nuevas mentalidades de trabajo, para lo cual, nuestro aporte es esta novedosa serie editorial denominada ***"Management para el año 2000"*** que, modestamente, pretende marcar una huella en la capacitación y perfeccionamiento para los nuevos tiempos que se avecinan.

La Editorial

A mi amigo
Monseñor Abelardo Francisco Silva,
Obispo de San Miguel, Buenos Aires,
quien siempre monitorea mi vida espiritual

INDICE GENERAL

Capítulo IV
Técnicas y herramientas más utilizadas

PRESENTACIÓN GENERAL

El presente texto tiene su origen en asesorías y talleres realizados en diversas empresas, con el objeto de apoyarlas en la implementación de procesos de mejoramiento de la calidad y la productividad a nivel operativo.

En tales asesorías y talleres utilizábamos propuestas metodológicas de varios autores en materia de análisis y solución de problemas, aplicación de las siete herramientas estadísticas básicas utilizadas por los círculos de calidad y las llamadas *«nuevas siete»* herramientas y otras que vienen del campo de la ingeniería industrial y el desarrollo organizacional. Sin embargo, no obstante la utilidad de aquéllas y los logros alcanzados, decidimos en 1988 elaborar una metodología más adaptada a nuestra situación que reuniese los siguientes atributos:

a) Adaptada a problemas específicos de calidad y productividad.

b) Aplicable a los problemas medianamente complejos que se presentan a nivel departamental y de gerencia media para facilitar la estrategia en cascada del desarrollo de un proceso de mejoramiento.

c) Ser lo suficientemente sencilla como para lograr en corto tiempo su uso en todos los estratos de la empresa.

Con tales características, surgió la primera versión 1988 del Manual de pasos y técnicas para el mejoramiento de la calidad y productividad a nivel operativo y departamental, el cual hemos utilizado y aplicado en casi todas , las funciones de la empresa, desde ventas hasta suministros, desde investigación y desarrollo hasta seguridad industrial, y en empresas diversas: servicios, alimentos, químicos, metalmecánicas, etc.

La aplicación nos ha demostrado que esta metodología certeramente nos conduce a resultados en dos vertientes:

1) la que se aprecia con mayor facilidad, la de disminución de desperdicios, errores, retrabajo, tiempos, costos, etc., y

2) la que sólo las organizaciones que han tenido la oportunidad de aplicarla pueden valorar: la de motivación, el acrecentamiento de la iniciativa individual y en equipo, a través del reforzamiento que significa el logro, el saber que se puede, el "lo hicimos").

Siendo la segunda vertiente la que permite el crecimiento permanente y el mejoramiento continuo, hemos querido mejorar y profundizar el manual a la luz de la experiencia vivida luego de múltiples aplicaciones, incorporando mejoras no sólo en el aspecto técnico y metodológico (los pasos y herramientas) sino también incluyendo las observaciones que, surgidas de la experiencia, facilitan su uso y permiten allanar la diferencia entre el conocer y el hacer. Por ello en cada paso y su secuencia y en cada técnica, además de decir el porqué darlo y las actividades a realizar, hemos incluido recomendaciones sobre desviaciones a evitar, indicaciones sobre el tiempo esperado de las sesiones y énfasis a realizar. También hemos incorporado algo que marca la diferencia con muchos manuales y cursos actualmente existentes en la materia, se trata de ¿cómo desarrollar un proceso en una empresa que conlleve a la aplicación por parte de la gerencia de la metodología de mejoramiento de la calidad y productividad permitiéndole aprender-haciendo?

El contenido del manual lo hemos dividido en los siguientes capítulos:

CAPITULO I ***La gerencia del mejoramiento de la calidad y productividad a nivel operativo: marco conceptual y condiciones***

En este capítulo hacemos una revisión del tipo de esfuerzos y acciones que se dan en una empresa y su relación en cuanto al grado de modificación que producen en la situación existente, y las condiciones o criterios que deben privar y ser desarrolladas para obtener el mayor provecho del esfuerzo realizado.

CAPITULO II ***Siete pasos para el mejoramiento continuo***

Presentamos la propuesta metodológica, en cuanto a la secuencia a desarrollar en la búsqueda y obtención de la mejora de calidad y productividad, en un departamento o unidad de la empresa cualquiera sea su nivel o función, aunque su mayor potencialidad se obtiene a nivel operativo en la gerencia media.

CAPÍTULO III ***Cómo y por dónde empezar el mejoramiento operativo de la calidad y productividad***

Recogemos las principales recomendaciones para lograr poner en funcionamiento la rueda del mejoramiento, articulando en la puesta en marcha el rol del facilitador, del gerente, del equipo y dando al proceso un sentido de metas parciales, que ayuden a la organización a aprender, a intercambiar y a ganar cada vez más adeptos a su uso contínuo.

CAPITULO IV *Técnicas y herramientas más utilizadas*

En este capítulo hacemos un resumen de las principales técnicas y herramientas y las recomendaciones para su cabal utilización. Construimos aquí una matriz de relación paso-técnica, con la finalidad de resumir la metodología, con fines didácticos y para facilitar su recuerdo.

Capítulo I

LA GERENCIA DEL MEJORAMIENTO DE LA CALIDAD Y PRODUCTIVIDAD A NIVEL OPERATIVO

Marco conceptual y condiciones

Introducción

Es difícil encontrar una empresa, planta o departamento donde no se realicen esfuerzos por mejorar los procesos existentes, sin embargo los resultados que arrojan los mismos, no siempre son adecuados y permanentes, presentándose, con frecuencia, las siguientes situaciones:

- *El esfuerzo no está dirigido a las áreas más críticas e importantes.*
- *Se desaprovecha el potencial alcanzable.*
- *No se involucra a todos los que pueden aportar en la mejora de resultados.*
- *Los resultados obtenidos no se mantienen ni se garantiza su permanencia.*

Debido a ello proponemos un enfoque y un método que ordene y sistematice la gerencia de la calidad y productividad a nivel operativo y departamental, y cuya aplicación permanente permita reducir la posibilidad de situaciones como las antes planteadas y, por lo tanto, maximizar los resultados de las acciones emprendidas.

Para lograr la sistematización y, a la vez, potenciar el esfuerzo a realizar es necesario precisar:

a) *el tipo de acción y su responsabilidad en la empresa,* y
b) *las condiciones requeridas para crear capacidad de reproducirlas y acrecentarlas. Lo anterior ayudará a tener mayor claridad en cuanto al proceso de mejoramiento que nos proponemos impulsar.*

Tipos de acciones en un proceso de mejora

Las acciones que realizamos en materia de calidad y productividad podemos clasificarlas según el grado de modificación que producen en el status que, es decir, en las condiciones tecnológicas y organizativas del proceso en que trabajamos. Ello nos permitirá precisar los niveles y áreas de la organización que deben involucrarse, factor o causas que deben ser atacados y el horizonte de tiempo esperado de cambio a un nuevo status que y su puesta en control. En tal sentido tenemos tres tipos de acciones:

a) de innovación;
b) de mejoramiento;
c) de mantenimiento.

Acciones de innovación

Son aquellas que producen cambios profundos en la tecnología dura de un proceso (equipos, productos, materiales), podrían incluirse en éstas, los grandes saltos y rupturas en materia de sistemas y organización, tales como las originadas por la introducción y aprovechamiento de la microelectrónica (robótica, CAD, CAM y MRP, etc), en diferentes áreas de la interfase hombre-máquina, las cuales sin modificar la base tecnológica dura, provoca reacomodos importantes en las condiciones organizativas y en los resultados cuantitativos y cualitativos de un proceso.

Este tipo de acción es responsabilidad de los niveles gerenciales altos y su staff de apoyo (ingeniería industrial, planificación estratégica, investigación y desarrollo) ya que normalmente tienen asociada una inversión importante y un cambio profundo de los sistemas y organización de la empresa.

Los lapsos de aplicación de la acción y de obtención de resultados son medianos y largos (normalmente más de 2 o 3 años desde la idea hasta la implementación).

Acciones de mejoramiento

Son aquellas que no afectan sustancialmente la tecnología dura sino que permiten aprovechar mejor la capacidad existente latente o potencial, a través de modificaciones organizativas y en la racionalidad de los sistemas y procedimientos: tales como mejora de métodos, cambios en las normas, redistribución espacial e incluso cambios menores en equipos, productos y materiales. La responsabilidad de las mismas es de los niveles de gerencia media operativa y de los staff de apoyo y deben llegara los propios operarios, generalmente van asociadas a poca o ninguna inversión y sus resultados pueden verse en corto plazo.

Acciones de mantenimiento

Son las dirigidas a mantener los niveles alcanzados ya sea por acciones de innovación o mejoramiento. Por ser de mantenimiento no son de menor importancia que las anteriores, ya que ellas garantizan el logro permanente y sostenido de los resultados esperados en el proceso y su cabal cumplimiento, colocando al sistema en mejores condiciones para sustentar y aprovechar las actividades de mejoramiento e innovación.

Las acciones de mantenimiento son responsabilidad de la línea y de la gerencia media y son actividades que se verifican con cotidiana frecuencia.

En el análisis de empresas de alta competitividad, hemos encontrado que gran parte de la brecha respecto a las poco competitivas está en el escaso aprovechamiento de la capacidad tecnológica y de la organización por falta de mantenimiento y de las acciones continuas de mejoramiento.

Por ello, la metodología y técnicas que presentamos en el manual han sido concebidas para el desarrollo de acciones de mejoramiento y su relación con las de mantenimiento.

Las gráficas de desempeño reflejan diferencias de comportamiento y resultado, entre empresas de alta competitividad que abordan la mejora de calidad y productividad sistemáticamente y las poco competitivas, y en ellas podemos observar lo siguiente:

> ***Logro más rápido de las condiciones estándar en la empresa con enfoque sistemático de mejora, que en la empresa sin enfoque sistemático.***

Además de lo anterior, la dispersión en los resultados de la primera es menor que en la segunda como consecuencia de poseer mayor control sobre el proceso al verificarse actividades preventivas durante el alcance y mantenimiento del estándar

Se acortan los CICLOS de mejora y mantenimiento aprovechándose mejor el potencial de un nivel tecnológico dado, y se aumenta la posibilidad y factibilidad de introducir innovaciones mayores.

Ciertamente, un proceso de mejora sistemático, evita la pérdida de energía gastada en situaciones sin control e incluso los deterioros en el desempeño por obsolescencia tecnológica y excesivas acciones correctivas.

Condiciones del proceso de mejoramiento

Viendo la descripción y explicación de los pasos lógicos a seguir, es importante precisar que hay tres condiciones que están presentes tanto en La metodología a utilizar como en las técnicas y herramientas propuestas, ellas son:

a) gerencia basada en hechos y datos,
b) gerencia a través de la participación, y
c) mejoramiento paso a paso.

Preferimos utilizar la noción de mantenimiento que la de control por la connotación negativa que en las gerencias inmaduras tiene esta última, además que la primera aparece más completa.

Gerencia basada en hechos y datos que la soporten

Es ésta una de las condiciones claves para llevar adelante acciones de mejoramiento y mantenimiento de manera sistemática y profundizar, cada vez más, en el análisis y enfrentamiento de las causas y deficiencias que afectan los resultados.

En nuestra experiencia nos hemos encontrado con múltiples situaciones donde se toman decisiones partiendo de hechos y valorando alternativas Insuficientemente documentadas y cuantificadas, donde priva el "yo creo", el "me parece"; incluso situaciones en las cuales los datos son recogidos para llenar largos informes, para justificar o presentar una situación sin que los mismos tengan la representatividad necesaria o en las que los datos no son utilizados para el análisis y preparación de acciones correctivas y de mejora.

Un gerente de despacho de una prestigiosa empresa luego de haber concluido un proyecto de mejora, decía: *"Es asombroso saber que luego de 15 años despachando productos, todos imaginábamos que la política de retiro a los siete días se cumplía y éste era el resultado real. Al verificar los hechos con datos nos dimos cuenta que casi nunca se cumplía y que estábamos en un promedio de 22 días, aunque todos los documentos informaban lo contrario".*

Reconocer que lo que sabemos, y otros saben, tiene una alta carga de subjetividad y parcialidad es un punto de partida para dar cabida a la gerencia en base de hechos y datos que la soporten; no sólo tomaremos mejores decisiones sino algo que sólo los que han practicado valoran: nos comunicaremos mejor, con más claridad y con mayor probabilidad de hacer confluir la diversidad de opinión, es, cuando contamos con hechos y datos irrefutables acerca de una situación.

Otra consideración, no menos importante, es que los logros obtenidos por la gerencia japonesa y de las llamadas empresas *«clase mundial»*, cuyas escalas de medición se sitúan en partes por millón en los niveles cercanos a cero, ya se trate de errores, defectos, retrasos, etc., tienen como sustento el desarrollo de la capacidad de verificar los hechos con datos cada vez más precisos.

Si bien en algunas empresas las acciones de mejora son obvias, dado su bajo desarrollo gerencial no requieren de mucha discusión. En cuanto a ¿qué hacer? ¿y en que medida?. La obtención de datos e indicadores no debe descuidarse, ya que estaremos perdiendo la oportunidad de aprender a partir de la mejora o reproduciendo deficiencias que no obstante su poca influencia actual serán obstáculo para profundizar y afinar el análisis en el futuro.

Gerencia a través de la participación

Una de las grandes diferencias entre la simple mejora esporádica, circunstancial y la sistemática y permanente es la participación de la gente que lidia con los problemas y los enfrenta a diario. Es usual encontrar situaciones donde la mejora se piensa, diseña y aprueba «arriba» y luego se ordena su aplicación «abajo», perdiéndose el potencial existente en la experiencia de la gente y su conocimiento sobre la situación específica.

El gerente de ventas de una empresa expresaba, al oír las presentaciones de los proyectos desarrollados por su personal, incluyendo al secretarial: *«El punto clave de todo esto es la energía que genera en la gente la democratización de la información»*.

Todo gerente debe buscar la participación de los empleados y sus subordinados en el proceso de gerencia del mejoramiento de la calidad y productividad, ya que:

- *Se logra una visión de los problemas más completa e integral y, por lo tanto, un mejor diseño de objetivos y acciones.*
- *Se mejora la comunicación entre los involucrados.*
- *Los empleados y subordinados se identifican con el problema y sus soluciones, estimulándose el logro y el compromiso.*

La participación en este proceso no debe confundirse con los programas de círculos de calidad, grupos participativos o los sistemas de sugerencias, éstas son estrategias para la motivación de los empleados, a través de la participación voluntaria para la resolución de problemas, relativos a su área de acción y a su trabajo.

Ambos enfoques se complementan y deben implementarse simultáneamente. La gerencia participativa abre (o facilita) el camino para una estrategia de motivación a través de la participación, sin embargo, no la sustituye. Al buscar la participación de los subordinados en la identificación de los problemas u oportunidades de mejora claves, la fijación de potencial de mejoramiento, el análisis de las causas que limitan el desempeño y el establecimiento de objetivos y acciones, el gerente no hace otra cosa que:

- *Recibir la ayuda de quienes manejan directamente los problemas, los cuales en cierto sentido son «los mejores expertos» con que cuenta la empresa para analizar los problemas a ese nivel.*
- *Considerar factores que por sutiles o aparentemente sin peso, desde el punto de vista del «de arriba», están afectando el resultado de los «de abajo».*
- *Intercambiar horizontalmente puntos de vista entre los subordinados, facilitando la comunicación y limando los estancos departamentales que promueven los estilos verticales y autoritarios.*

La participación debe ser real, clara y verdadera, es decir, que las causas, objetivos y acciones serán establecidos por consenso. El proceso participativo es diferente al de consulta de opinión, esta última no es vinculante con la decisión. Los procesos de consulta a veces terminan por obstaculizar lo que realmente se buscaba.

Para que un proceso participativo sea efectivo el gerente deberá contar con los siguientes elementos:

- *Madurez para aceptar una buena solución de consenso, antes que sus brillantes soluciones óptimas, impuestas.*
- *Instrumentos que le permitan llegar objetivamente al consenso evadiendo las largas y estériles discusiones.*
- *Técnicas de análisis y evaluación de los problemas para la fijación de objetivos y resultados de fácil manejo y entendimiento por todos.*

La metodología que proponemos y presentaremos en el próximo capítulo, incorpora los dos últimos elementos, el primero escapa al ámbito de este material, sin embargo, es necesario decir que previo al inicio de un proceso de involucramiento de la gente en proyectos de mejoramiento, es necesario discutir y ejercitar en los gerentes la necesidad del trabajo en equipo, sus reglas y el rol que él mismo debe cumplir: de ayuda.

Mejora proyecto a proyecto, y al principio énfasis en aprender

La mejora espasmódica, los esfuerzos sin resultados y, en algunos casos, la parálisis, no pocas veces están asociadas a querer abarcarlo todo a la vez, a no jerarquizar el por dónde empezar o a abrumarse con una cantidad interminable de problemas. El mejoramiento continuo es un estado de la organización que se logra luego de construir las bases, las columnas, el techo cual si estuviéramos construyendo la casa donde vamos a vivir, con el estilo de mejorar permanentemente. Una pared se construye colocando ladrillo sobre ladrillo. El hombre gatea, luego camina, luego corre y, si es el caso, luego entra en competencias de alta velocidad donde la marca se va mejorando poco a poco.

Al igual que un ser vivo, la organización tiene que aprender a mejorarlo todo, a partir de las mejoras parciales y puntuales articuladas, el ladrillo o columna que se coloque mal hoy puede repercutir en grietas y reparaciones mañana o en el derrumbe total.

La historia de las empresas que han tenido éxito y a las cuales hemos asesorado en implantar procesos de mejoramiento continuo de calidad y productividad nos informan que comenzaron con 15 proyectos, luego 50, 200, hasta llegar a cifras de miles donde todos los empleados están involucrados en al menos uno.

«No podemos hacer todo pero sí algo ya», es un lema de la Dana Corporation, que bien sustenta la idea de trabajar paso a paso, y proyecto a proyecto en la mejora de calidad y productividad.

A lo anterior debemos agregar que en los inicios del proceso al criterio proyecto a proyecto debemos sumar el de aprendizaje para multiplicar. Un estado de «mejora de todo por todos» no se puede mantener con un ejército de facilitadores o consultores y requiere ser parte no sólo del estilo y cultura de la organización, sino también es necesario que la capacidad de la gente a todos los niveles incluya el manejo de las metodologías, técnicas y herramientas de mejoramiento de la calidad y productividad.

Si bien al principio los facilitadores son necesarios para apoyar el aprendizaje y reforzar la transición, los mayores requerimientos de tiempo de dedicación a la mejora deben provenir de la disminución del tiempo que la gente requiere para atacar crisis o a hacer trabajo que no agrega valor, sobre todo de la disminución del tiempo gerencial dedicado a realizar el trabajo que sus subordinados deben realizar.

Capítulo II

SIETE PASOS PARA EL MEJORAMIENTO CONTINUO

Introducción

El mejoramiento continuo de la calidad y la productividad en un departamento o unidad de una empresa debe ser:

a) económico, *es decir, requerir menos esfuerzo que el beneficio que aporta, por tanto, la utilización de recursos (en este caso el tiempo gerencial y de la gente que busca la mejora) debe ser realizada de tal forma que en cada ciclo de mejoramiento podamos estar incidiendo en lo que más impacta en el mismo;*

b) acumulativo, *es decir, que la mejora que hagamos permita abrir las posibilidades de sucesivas mejoras a la vez que se garantice el cabal aprovechamiento del nuevo nivel de desempeño logrado.*

En el mercado existen diferentes metodologías, las cuales varían en cuanto a cantidad de pasos o fases (4, 10 y hasta 30) y a veces en su secuencia desde la detección del problema o desviación, hasta su solución y garantía de resultados.

Hemos diseñado una metodología de siete pasos, la cual ha sido probada en muy diversas situaciones y áreas de gestión, desde personal hasta producción, desde ventas hasta seguridad industrial y finanzas. Con los siete pasos, hemos logrado:

a) Desglosar el proceso de mejoramiento en fases bien diferenciadas, lo cual permite concentrar la atención del equipo de mejora en asuntos y aspectos del proceso de mejoramiento del mismo carácter. Las metodologías de 4 o 5 pasos normalmente mezclan aspectos o asuntos de diferente índole, lo cual genera confusión.

b) Facilitar el aprendizaje y recuerdo de cada paso, ya que su cantidad no requiere mantener a la mano el manual respectivo, como es el caso de metodologías de más de 10 pasos, los cuales son difíciles de recordar y hasta de diferenciar.

Respecto a la versión original hemos introducido algunos cambios en el contenido de cada paso a la luz de la experiencia de aplicación de la metodología en diferentes empresas y departamentos. Tal revisión la hemos hecho con el objetivo de mejorar la aplicación y eliminar algunas confusiones que se producían en la práctica.

Los siete pasos del proceso de mejoramiento son:

ler. Paso: Selección de los problemas (oportunidades de mejora).
2do. Paso: Cuantificación y subdivisión del problema.
3er. Paso: Análisis de causas raíces específicas.
4to. Paso: Establecimiento de los niveles de desempeño exigidos (metas de mejoramiento).
5to. Paso: Definición y programación de soluciones.
6to. Paso: Implementación de soluciones.
7mo. Paso: Acciones de garantía.

Primer paso: Selección de los problemas (oportunidades de mejora)

Este paso tiene como objetivo la identificación y escogencia de los problemas de calidad y productividad del departamento o unidad bajo análisis.

A diferencia de otras metodologías que comienzan por una sesión de tormenta de ideas sobre problemas en general, mezclando niveles de problemas (síntomas con causas), en ésta buscamos desde el principio mayor coherencia y rigurosidad en la definición y escogencia de los problemas de calidad y productividad.

Actividades

Este primer paso consiste en las siguientes actividades:

a) Aclarar los conceptos de calidad y productividad en el grupo.
b) Elaborar el diagrama de caracterización de la Unidad, en términos generales: clientes, productos y servicios, atributos de los mismos, principales procesos e insumos utilizados.
c) Definir en qué consiste un problema de calidad y productividad como desviación de una norma: deber ser, estado deseado, requerido o exigido.
d) Listar en el grupo los problemas de calidad y productividad en la unidad de análisis (aplicar tormenta de ideas).
e) Preseleccionar las oportunidades de mejora, priorizando gruesamente, aplicando técnica de grupo nominal o multivotación.

f) Seleccionar de la lista anterior las oportunidades de mejora a abordar a través de la aplicación de una matriz de criterios múltiples, de acuerdo con la opinión del grupo o su superior.

Las tres primeras actividades (*a*, *b* y *c*), permiten lo siguiente:

- *Concentrar la atención del grupo en problemas de calidad y productividad,* y
- *Obtener mayor coherencia del grupo al momento de la tormenta de ideas para listar los problemas.*

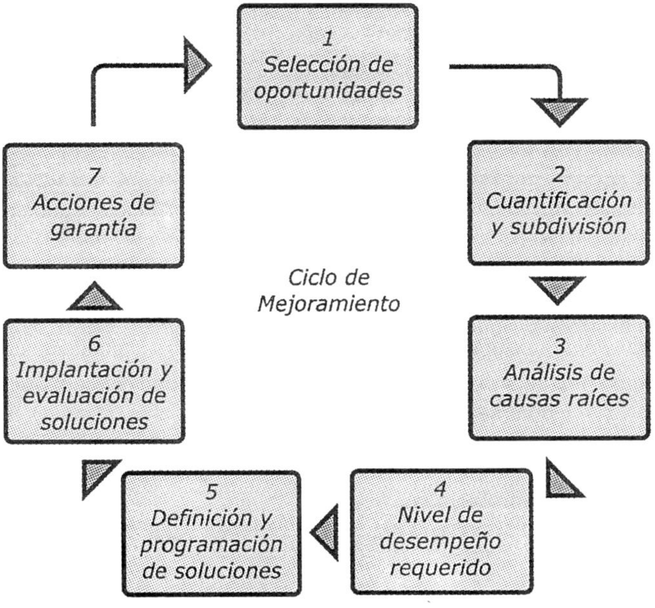

Evitar incluir en la definición de los problemas su solución, disfrazando la misma con frases como: falta de..., carencia de..., insuficiencia, etc. lo cual tiende a ser usual en los grupos poco experimentados.

La preselección (actividad «e») se hace a través de una técnica de consenso rápido en grupo, que facilita la identificación en corto tiempo de los problemas, para luego, sobre todo los 3 o 4 fundamentales, hacen la selección final (actividad t(f)) con criterios más analíticos y cuantitativos, esto evita la realización de esfuerzos y cálculos comparativos entre problemas que «obviamente» tienen diferentes impactos e importancia.

Observaciones y recomendaciones generales

- Este es un paso clave dentro del proceso, por lo que debe dedicarse el tiempo necesario evitando «quemar» actividades o «pasarlas» por alto, sin que el equipo de trabajo haya asimilado suficientemente el objetivo de las mismas.
- Conviene desarrollar este paso en tres sesiones y cuando mínimo dos (nunca en una sola sesión) y cada una de 1 1/2 horas de duración. En la primera pueden cubrirse las tres primeras actividades, en la segunda las actividades «d» y «e» y en la última la «f»; esta actividad debe ser apoyada con datos según los criterios de la matriz, por tanto, esta actividad debe hacerse en una sesión aparte.
- La caracterización de la unidad debe hacerse gruesamente evitando detalles innecesarios. Debe considerarse que luego de cubiertos los siete pasos, (el primer ciclo), en los ciclos de mejoramiento posteriores se profundizará con mayor conocimiento, por la experiencia vivida. Esta recomendación es válida para todas las actividades y pasos, la exagerada rigurosidad no es recomendable en los primeros proyectos y debe dosificarse, teniendo presente que el equipo de mejora es como una persona que primero debe gatear luego caminar, luego trotar, para finalmente correr a alta velocidad la carrera del mejoramiento continuo. Técnicas a utilizar: Diagrama de caracterización del sistema, tormenta de ideas, técnicas de grupo nominal, matriz de selección de problemas.

Segundo paso: Cuantificación y subdivisión del problema u oportunidad de mejora seleccionada.

El objetivo de este paso es precisar mejor la definición del problema, su cuantificación y la posible subdivisión en subproblemas o causas síntomas.

Es usual que la gente ávida de resultados o que está acostumbrada a los ("yo creo" y "yo pienso" no se detenga mucho a la precisión del problema, pasando de la definición gruesa resultante del ler. paso a las causas raíces, en tales circunstancias los diagramas causales pierden especificidad y no facilitan el camino para identificar soluciones, con potencia suficiente para los tiempos estipulados para las sesiones de trabajo, a lo largo del ciclo de mejoramiento, en cada uno de los pasos variarán de acuerdo con la integración y madurez del equipo de trabajo y de su habilidad para la organización y conducción de reuniones efectivas.

Enfrentar el problema. Por ejemplo, los defectos en un producto se pueden asociar a la falta de equipos adecuados en general, pero al defecto específico, raya en la superficie, se asociará una deficiencia de un equipo en particular.

Debido a que tales desviaciones se han producido en varias aplicaciones de la metodología, hemos decidido crear este paso para profundizar el análisis del problema antes de entrar en las causas raíces.

Actividades

Se trata de afinar el análisis del problema realizando las siguientes actividades:

a) Establecer el o los tipos de indicadores que darán cuenta o reflejen el problema y, a través de ellos, verificar si la definición del problema , guarda o no coherencia con los mismos, en caso negativo debe redefinirse el problema o los indicadores.

b) Estratificar y/o subdividir el problema en sus causas-síntomas. Por ejemplo:

- *El retraso en la colocación de solicitudes de compra, puede ser diferente según el tipo de solicitud.*
- *Los defectos de un producto pueden ser de varios tipos, con diferentes frecuencias.*
- *Los días de inventario de materiales pueden ser diferentes, según el tipo de material.*
- *El tiempo de prestación de los servicios puede variar según el tipo de cliente.*
- *Las demoras por fallas pueden provenir de secciones diferentes del proceso o de los equipos.*

c) Cuantificar el impacto de cada subdivisión y darle prioridad utilizando la matriz de selección de causas y el gráfico de Pareto, para seleccionar el (los) estrato(s) o subproblema(s) a analizar.

Observaciones y recomendaciones generales

- *Debe hacerse énfasis en la cuantificación y sólo en casos extremos (o en los primeros proyectos) a falta de datos o medios ágiles para recogerlos se podrá utilizar, para avanzar, una técnica de jerarquización cualitativa como la técnica de grupo nominal, con un grupo conocedor del problema. Sin embargo, se deberá planificar y ordenar la recolección de datos durante el proceso.*
- *Este paso conviene desarrollarlo en tres o, al menos, dos sesiones, dependiendo de la facilidad de recolección de datos y del tipo de problema. En la primera sesión realizar las actividades «a y b», en la segunda analizar los datos recogidos (actividad «c») y hacer los reajustes requeridos y en la tercera sesión la actividad «d» priorización y selección de causas síntomas.*
- *Técnicas a utilizar: indicadores, muestreo, hoja de recolección de datos, gráficas de corrida, gráfico de Pareto, matriz de selección de causas, histogramas de frecuencia, diagrama de procesos.*

Tercer paso: Análisis de causas raíces específicas

El objetivo de este paso es identificar y verificar las causas raíces específicas del problema en cuestión, aquellas cuya eliminación garantizará la no recurrencia del mismo. Por supuesto, la especificación de las causas raíces dependerá de lo bien que haya sido realizado el paso anterior.

Nuevamente en este paso se impone la necesidad de hacer medible el impacto o influencia de la causa a través de indicadores que den cuenta de la misma, de manera de ir extrayendo la causa más significativa y poder analizar cuánto del problema será superado al erradicar la misma.

Actividades

a) *Para cada subdivisión del problema seleccionado, listar las causas de su ocurrencia aplicando la tormenta de ideas.*
b) *Agrupar las causas listadas según su afinidad (dibujar diagrama causa-efecto). Si el problema ha sido suficientemente subdividido puede utilizarse la subagrupación en base de las 4M o 6M (material, machine, man, method, moral, management), ya que estas últimas serán lo suficientemente específicas. En caso contrario se pueden subagrupar según las etapas u operaciones del proceso al cual se refie-*

ren (en tal caso conviene construir el diagrama de proceso), definiéndose de esta manera una nueva subdivisión del subproblema bajo análisis.

c) *Cuantificar las causas (o nueva subdivisión) para verificar su impacto y relación con el problema y jerarquizar y seleccionar las causas raíces más relevantes. En esta actividad pueden ser utilizados los diagramas de dispersión, gráficos de Pareto, matriz de selección de causas.*

d) *Repetir b y c hasta que se considere suficientemente analizado el problema.*

Observaciones y recomendaciones generales

- *Durante el análisis surgirán los llamados problemas de solución obvia que no requieren mayor verificación y análisis para su solución, por lo que los mismos deben ser enfrentados sobre la marcha. Esto ocurrirá con mayor frecuencia en los primeros ciclos, cuando usualmente la mayoría de los procesos están fuera de control.*
- *Este paso, dependiendo de la complejidad del problema, puede ser desarrollado en 3 o 4 sesiones de dos horas cada una. En la primera sesión se realizarán las actividades a y b, dejando la actividad c para la segunda sesión, luego de recopilar y procesar la información requerida. En las situaciones donde la información esté disponible se requerirá al menos una nueva sesión de trabajo (tercera), luego de jerarquizar las causas, para profundizar el análisis. En caso contrario se necesita más tiempo para la recolección de datos y su análisis (sesiones cuarta y quinta).*
- *Técnicas a utilizar: tormenta de ideas, diagrama causa-efecto, diagrama de dispersión, diagrama de Pareto, matriz de selección de causas.*

Cuarto paso: Establecimiento del nivel de desempeño exigido (metas de mejoramiento)

El objetivo de este paso es establecer el nivel de desempeño exigido al sistema o unidad y las metas a alcanzar sucesivamente. Este es un paso poco comprendido y ha tenido las siguientes objeciones:

- *El establecimiento de metas se contradice con la filosofía de calidad total y con las críticas de W.E. Deming a la gerencia por objetivos.*
- *No es posible definir una meta sin conocer la solución.*

- *La idea es mejorar, no importa cuánto.*
- *La meta es poner bajo control al proceso por tanto está predeterminada e implícita.*

A tales críticas, hacemos las siguientes observaciones:

- *Cuando estamos fijando una meta estamos estableciendo el nivel de exigencia al proceso o sistema en cuestión, respecto a la variable analizada, en función o bien de las expectativas del cliente, cuando se trata de problemas de calidad o del nivel de desperdicio que es posible «aceptar» dentro del estado del arte tecnológico, lo cual se traduce en un costo competitivo. En ambas vertientes la meta fija indirectamente el entorno en que operamos: es decir, el «no importa cuánto, la idea es mejorar» o que la meta consiste sólo en poner bajo control el proceso, son frases publicitarias muy buenas para vender cursos, asesorías y hasta pescar incautos, pero no para ayudar a un gerente a enfrentar los problemas de fondo: los de la falta de competitividad.*
- *La solución que debemos dar a nuestro problema tiene que estar condicionada por el nivel de desempeño en calidad y productividad que le es exigido al sistema. Bajar los defectuosos a menos de 1% tiene normalmente soluciones muy diferentes en costo y tiempo de ejecución, a bajarlo a menos de 1 parte por mil o por 1 millón. El ritmo del mejoramiento lo fijan, por un lado, las exigencias del entorno, y por el otro, nuestra capacidad de respuesta, privando la primera. El enfrentamiento de las causas, el diseño de soluciones y su implementación debe seguir al ritmo que la meta exige.*

En tal sentido, el establecimiento del nivel de desempeño exigido al sistema (meta) condicionará las soluciones y el ritmo de su implementación.

Actividades

Las actividades a seguir en este paso son:

a) Establecer los niveles de desempeño exigidos al sistema a partir de, según el caso, las expectativas del cliente, los requerimientos de orden superior (valores, políticas, objetivos de la empresa) fijados por la alta gerencia y la situación de los competidores.
b) Graduar el logro del nivel de desempeño exigido bajo el supuesto de

eliminar las causas raíces identificadas, esta actividad tendrá mayor precisión en la medida que los dos pasos anteriores hayan tenido mayor rigurosidad en el análisis.

Algunos autores llaman a esta actividad visualización del comportamiento, si las cosas ocurriesen sin contratiempos y deficiencias», es decir, la visualización de la situación deseada.

Observaciones y recomendaciones generales

- *En los primeros ciclos de mejoramiento es preferible no establecer metas o niveles de desempeño demasiado ambiciosos para evitar desmotivación o frustración del equipo; más bien con niveles alcanzables, pero retardores, se fortalece la credibilidad y el aprendizaje.*
- *Este paso puede ser realizado en una o dos sesiones de trabajo. Debido al proceso de consulta que media en las dos actividades, normalmente se requieren de dos sesiones.*
- *Cuando se carece de un buen análisis en los pasos 2 y 3, por falta de información, conviene no fijar metas al «boleo» y sólo cubrir la actividad «a» para luego fijar metas parciales, según el diseño de soluciones (paso 5) y la búsqueda de mayor información, lo cual puede ser, en la primera fase, parte de la solución.*

Quinto paso: Diseño y programación de soluciones

El objetivo de este paso es identificar y programar las soluciones que incidirán significativamente en la eliminación de las causas raíces. En una organización donde no ha habido un proceso de mejoramiento sistemático y donde las acciones de mantenimiento y control dejan mucho que desear, las soluciones tienden a ser obvias y a referirse al desarrollo de acciones de este tipo, sin embargo, en procesos más avanzados las soluciones no son tan obvias y requieren, según el nivel de complejidad, un enfoque creativo en su diseño. En todo caso, cuando la identificación de causas ha sido bien desarrollada, las soluciones hasta para los problemas inicialmente complejos aparecen como obvias.

Actividades

a) *Para cada causa raíz seleccionada deben listarse las posibles soluciones excluyentes (tormenta de ideas). En caso de surgir muchas alternativas excluyentes antes de realizar comparaciones más rigu-*

rosas sobre la base de factibilidad, impacto, costo, etc., lo cual implica cierto nivel de estudio y diseño básico, la lista puede ser jerarquizada (para descartar algunas alternativas) a través de una técnica de consenso y votación como la Técnica de Grupo Nominal (TGN).

b)Analizar, comparar y seleccionar las soluciones alternativas resultantes de la TGN, para ello conviene utilizar múltiples criterios como los señalados arriba: factibilidad, costo, impacto, responsabilidad, facilidad, etc. Programar la implementación de la solución definiendo con detalle las 5W-H (De las palabras: What, Why, When, Where, Who y How) del plan, es decir, el qué, por qué, cuándo, dónde, quién y cómo, elaborando el cronograma respectivo.

Observaciones y recomendaciones generales

No debe descartarse *a priori* ninguna solución por descabellada o ingenua que parezca, a veces detrás de estas ideas se esconde una solución brillante o parte de la solución.

Para que el proceso de implementación sea fluido es recomendable evitar implantarlo todo a la vez (a menos que sea obvia e inmediata la solución) y hacer énfasis en la programación, en el quién y cuándo.

A veces, durante el diseño de soluciones, se encuentran nuevas causas o se verifica lo errático de algunos análisis. Esto no debe preocupar, ya que es parte del proceso aprender a conocer a fondo el sistema sobre o en el cual se trabaja.

En estos casos se debe regresar al 3er. paso para realizar los ajustes correspondientes. Técnicas a utilizar: tormenta de ideas, técnica de grupo nominal, matriz de selección de soluciones, 5W-H, diagramas de Gantt o Pert.

Sexto paso: Implementación de soluciones

Este paso tiene dos objetivos:

① *Probar la efectividad de la(s) solución(es) y hacer los ajustes necesarios para llegar a una definitiva.*

② *Asegurarse que las soluciones sean asimiladas e implementadas adecuadamente por la organización en el trabajo diario.*

Actividades

Las actividades a realizar en esta etapa estarán determinadas por el programa de acciones, sin embargo, además de la implementación en sí misma, es clave durante este paso el seguimiento, por parte del equipo, de la ejecución y de los reajustes que se vaya determinando necesarios sobre la marcha.

Verificar los valores que alcanzan los indicadores de desempeño seleccionados para evaluar el impacto, utilizando gráficas de corrida, histogramas y gráficas de Pareto.

Observaciones y recomendaciones generales

- *Una vez establecido el programa de acciones de mejora con la identificación de responsabilidades y tiempos de ejecución, es recomendable presentar el mismo al nivel jerárquico superior de la unidad o grupo de mejora, a objeto de lograr su aprobación, colaboración e involucramiento.*
- *A veces es conveniente iniciar la implementación con una experiencia piloto que sirva como prueba de campo de la solución propuesta, ello nos permitirá hacer una evaluación inicial de la solución tanto a nivel de proceso (métodos, secuencias, participantes) como de resultados. En esta experiencia será posible identificar resultados no esperados, factores no tomados en cuenta, efectos colaterales no deseados.*
- *A este nivel, el proceso de mejoramiento ya implementado comienza a recibir los beneficios de la retroalimentación de la información, la cual va a generar ajustes y replanteamientos de las primeras etapas del proceso de mejoramiento.*

Séptimo paso: Establecimiento de acciones de garantía

El objetivo de este paso es asegurar el mantenimiento del nuevo nivel de desempeño alcanzado. Es este un paso fundamental al cual pocas veces se le presta la debida atención. De él dependerá la estabilidad en los resultados y la acumulación de aprendizaje para profundizar el proceso.

Actividades

En este paso deben quedar asignadas las responsabilidades de seguimiento permanente y determinarse la frecuencia y distribución de los reportes de desempeño. Es necesario diseñar acciones de garantía contra el retroceso, en los resultados, las cuales serán útiles para llevar adelante las acciones de mantenimiento. En términos generales éstas son:

- *Normalización de procedimientos, métodos o prácticas operativas.*

- *Entrenamiento y desarrollo del personal en las normas y prácticas implantadas.*
- *Incorporación de los nuevos niveles de desempeño, al proceso de control de gestión de la unidad.*
- *Documentación y difusión de la historia del proceso de mejoramiento.*

Esta última actividad es de gran importancia para reforzar y reconocer los esfuerzos y logros alcanzados e iniciar un nuevo ciclo de mejoramiento.

Observaciones y recomendaciones generales

- *Puede ocurrir que el esfuerzo realizado para mejorar el nivel de desempeño en un aspecto parcial de la calidad y productividad afecte las causas raíces que también impactan en otros aspectos y se producen así efectos colaterales de mejora en los mismos, debido a una sinergia de causas y efectos que multiplican entonces los resultados del mejoramiento.*
- *Es en este paso donde se ve con más claridad la importancia en el uso de las gráficas de control, las nociones de variación y desviación y de proceso estable, ya que, para «garantizar» el desempeño, dichos conceptos y herramientas son de gran utilidad.*

Capítulo III

COMO Y POR DONDE EMPEZAR EL MEJORAMIENTO OPERATIVO DE CALIDAD Y PRODUCTIVIDAD

Introducción

Los proyectos y acciones de mejoramiento departamentales son una parte importante del proceso de mejoramiento de calidad y productividad, conjuntamente con las acciones dirigidas a racionalizar los procesos dentro de los enfoques justo a tiempo, inventario cero y aseguramiento de calidad y adecuara los sistemas y políticas de recursos humanos para lograr la flexibilidad, multihabilidad del mismo y autocontrol de su trabajo.

No obstante la aparente facilidad de implementación de un proceso que conduzca a todas las áreas y niveles de la empresa a aplicar la metodología de los siete pasos, hemos encontrado que muchas empresas no han podido avanzar más allá de dictarle cursos sobre técnicas y herramientas a sus gerentes y personal, por lo anterior hemos decidido incluir este capítulo.

Destinado a dar orientaciones y recomendaciones concretas sobre el cómo y por dónde empezar y los criterios y condiciones a tener en cuenta.

Por supuesto, que las sugerencias que realizamos no son una receta infalible pero sí una guía que ha funcionado en las empresas que hemos asistido.

Cómo iniciar el ciclo de mejoramiento
La máxima autoridad debe hacer explícita la nueva exigencia

El presidente, director general o máxima autoridad de la empresa debe hacer explícita, en el comité que reúne a su nivel inmediato, la exigencia de desarrollar proyectos de mejora aplicando los conceptos y la metodología de calidad y productividad, lo cual debe ser confirmado por escrito, en comunicación dirigida a cada uno de los gerentes.

En la mencionada sesión y en la comunicación deberán señalarse los siguientes puntos:

1) *El propósito de los proyectos de mejora y su relación con el proceso de mejoramiento de calidad y productividad que adelanta la empresa.*

2) Objetivos y metas hacia los cuales deben apuntar los proyectos de mejora.
3) Los criterios de selección de los proyectos.
4) El seguimiento que se realizará y las fechas indicativas de cada etapa.
5) El apoyo con que podrá contar cada área.

En el anexo N° 1 presentamos una comunicación tipo.

Entrenamiento del 1er nivel o por gerencia

Entre el apoyo que debe ser prestado a los gerentes está el de suministrar el entrenamiento para el personal que participará en los proyectos de mejora. En tal sentido deben programarse talleres de 16 a 24 horas para discutir y analizar el marco conceptual, condiciones del proceso, pasos y técnicas fundamentales. Es de señalar que el aprendizaje realmente se logra cuando ellos apliquen la metodología y las técnicas, por lo tanto los talleres no deben extenderse mucho.

A veces se comienza con el entrenamiento antes de la manifestación explícita del programa "proyectos de mejora". Particularmente hemos encontrado que la aceptación y atención a los talleres es mayor cuando se sabe que no será un taller más sino algo que tendrá consecuencias en la evaluación futura y sobre lo cual habrá pedido de cuentas.

Una de las variantes utilizadas en la conformación de los grupos, es la de realizar el entrenamiento por departamento o gerencias, en lugar de niveles jerárquicos, lo cual, dependiendo del clima organizacional previo, tiene la ventaja que desde el mismo taller se comienzan los posibles proyectos y se particularizan los casos y situaciones.

Selección y formación de facilitadores

Si bien, los valores y criterios de calidad y productividad requieren del liderazgo y modelación por parte de los gerentes y que los mismos manejen con habilidad las metodologías, técnicas y herramientas y sirvan de instructores de sus supervisados, en los primeros ciclos se requiere de la figura del facilitador que apoye a la gerencia en el desarrollo del proceso.

Tal figura es necesaria, porque mientras la nueva forma de trabajar y la metodología y técnica se hacen parte del quehacer cotidiano, inicialmente el desarrollo de proyectos de mejora requiere un esfuerzo adicional y más tiempo ya que el sistema seguirá en la transición, funcionando con las viejas y tradicionales formas de trabajar, las cuales irán desapareciendo en la medida en que se vaya logrando el aprendizaje y habilidad para mejorar sistemáticamente y se internalice en el estilo, los valores y políticas de la organización la nueva filosofía de calidad y productividad.

Rol de los facilitadores

- *Apoyar al gerente del área en las actividades a realizar en materia de calidad y productividad: cursos, talleres, promoción, proyectos de mejora.*
- *Facilitar las sesiones de trabajo según los pasos de la metodología, conjuntamente con el líder del grupo.*
- *Hacer seguimiento al avance de los proyectos y presentar informes a la gerencia.*

Los facilitadores deben recibir entrenamiento suficiente para cumplir su rol, por supuesto, al aprendizaje inicial en cursos y talleres se irá agregando el de la propia práctica, por lo que durante el desarrollo del ciclo será necesario fortalecer el entrenamiento según los requerimientos particulares de los facilitadores. El programa de entrenamiento inicial de los facilitadores debe incluir los siguientes temas:

a) Los conceptos de calidad y productividad, su importancia, relaciones, factores que los determinan en la empresa (8 a 12 horas).

b) Nuevos enfoques y criterios para el mejoramiento de calidad y productividad.

c) Aseguramiento de calidad, justo a tiempo, mantenimiento productivo (24 a 32 horas).

d) Gerencia del mejoramiento operativo y departamental de calidad y productividad.

e) Pasos, técnicas y herramientas (24 a 32 horas).

f) Dinámica de grupos y trabajos en equipo, roles de los participantes, del líder y del facilitador (24 a 32 horas).

Preparación para formar los equipos de proyecto

Antes de dar inicio a las sesiones de trabajo en cada departamento, de acuerdo con la metodología y técnicas sugeridas en el presente manual, es necesario que tanto el gerente del área como el facilitador planifiquen las sesiones y se pongan de acuerdo con respecto a los roles a cumplir.

En cuanto a cada sesión de trabajo, se deberá clarificar y especificar lo siguiente:

- *Objetivos de la sesión y aspectos claves a considerar.*
- *Rol del gerente, del facilitador y de los participantes.*
- *Material de apoyo (documentos, transparencias, videos, casos, etc.).*

Antes de iniciar el ler. paso del ciclo, conviene realizar una reunión preparatoria entre el gerente, su equipo inmediato y el facilitador con la finalidad de aclarar y explicar los objetivos del proceso, criterios para la selección de proyectos y los diferentes roles.

Qué hacer durante el proceso Seguimiento estrecho

Una vez iniciado el proceso, es necesario, al menos durante el ler ciclo de proyectos de mejora, realizar un seguimiento estrecho del avance de los diferentes departamentos, a través de los siguientes mecanismos:

1) *Presentación de avance, al menos, cada mes, de los gerentes al director general sobre los proyectos en marcha.*
2) *Sesiones de intercambio entre los facilitadores, el coordinador general de la empresa y el consultor, cada 15 días, sobre el estado de avance de los proyectos, aclarar dudas sobre aplicación de técnicas, situación particular de departamentos o proyectos rezagados.*

En las empresas donde este seguimiento no se ha efectuado frecuentemente, tiende a concentrarse el esfuerzo en las últimas semanas antes de las jornadas de presentación del informe final, resintiéndose no sólo la calidad y profundidad de los proyectos sino algo más importante: el aprendizaje y el trabajo en equipo.

Por ello, nada más poderoso que los puntos de cuenta para conocer el avance de los proyectos como acicate para volcar la atención de los gerentes hacia sus proyectos de mejora.

En cuanto al intercambio entre facilitadores, el mismo permite enriquecer los puntos de vista y las soluciones dadas sobre la marcha a las resistencias de algunos gerentes o participantes, y también corregir a tiempo las posibles desviaciones o errores en la aplicación de un paso o técnica.

Retroinformar a los gerentes sobre su posición relativa en el grupo

Otra de las acciones a realizar durante el desarrollo de los proyectos es dar información sobre el avance general de los mismos en los diferentes departamentos, bien a través de los puntos de cuenta con información más específica para el interesado o a través de boletines donde se plantee la situación global de los proyectos sin particularizar nombres o departamentos.

Entre los datos que conviene retroinformar están los siguientes:

- *Lista de proyectos en marcha.*
- *N° de proyectos por gerencia.*
- *N° de participantes.*
- *Porcentaje de asistencia a sesiones de trabajo.*
- *Paso en que se encuentra cada proyecto respecto a los demás.*
- *Hallazgos interesantes o aplicaciones brillantes o creativas de la metodología y las técnicas.*

Otra de las acciones de retroinformación que permite reforzar la voluntad e iniciativa de los gerentes y equipos de trabajo es la de hacer presentaciones de avance para intercambio entre los equipos y conocer directamente lo que otros están haciendo, esto permite estimular a los rezagados y a los incrédulos y combatir a los resistentes al proceso de cambio.

Cómo cerrar el primer ciclo

De lo que se haga en el cierre dependerá buena parte de la continuidad del proceso de mejoramiento y de los nuevos ciclos de proyectos. En el cierre se debe garantizar lo siguiente:

1) Reconocer debidamente los esfuerzos realizados:

Si bien la mera presentación por parte de los equipos de trabajo de sus proyectos a la alta gerencia es en sí mismo un factor de reconocimiento del esfuerzo, el mismo debe ser complementado con algunos de los siguientes premios:

- *Placas o diplomas para los mejores proyectos de acuerdo con los criterios de evaluación.*
- *Presentes o distintivos para los participantes en los proyectos.*
- *Comunicación personalizada de estímulo y reconocimiento a los participantes.*
- *Presentación pública de los mejores proyectos por gerencia.*

2) Hacer del conocimiento general los logros alcanzados:

Esto puede ser logrado a través de:

- *Realización de un evento público de presentación de proyectos donde puedan asistir todos los participantes.*

- *Publicar a través de los medios usuales de la empresa (boletín o periódico interno) un resumen de los proyectos realizados.*
- *En los casos de empresas descentralizadas organizar presentaciones e intercambios ínter planta y/o ínter departamentales.*
- *Paso en que se encuentra cada proyecto respecto a los demás.*
- *Hallazgos interesantes o aplicaciones brillantes o creativas de la metodología y las técnicas.*

Otra de las acciones de retroinformación que permite reforzar la voluntad e iniciativa de los gerentes y equipos de trabajo es la de hacer presentaciones de avance para intercambio entre los equipos y conocer directamente lo que otros están haciendo, esto permite estimular a los rezagados y a los incrédulos y combatir a los resistentes al proceso de cambio.

3) Incluir en el sistema de personal para los próximos ciclos la realización de proyectos de mejora:

Para garantizar que el proceso iniciado no sea una moda o un programa más, debe ser incorporado, al sistema de personal, el concepto proyectos de mejora.

Los gerentes y el personal deben sentir que en sus cargos, su entrenamiento, promoción y en su evaluación se considera como parte fundamental la capacidad de manejar los nuevos conceptos, las metodologías y técnicas aprendidas de calidad y productividad. De lo contrario, el proceso puede ser reversible y quedar, para el que quiera, como algo que puede seguir o dejar.

Debido a que no es fácil modificar todos los sistemas de personal, al menos deberá comenzarse por incorporar, dentro de los criterios de promoción y evaluación, el de realización de proyectos de mejora dentro de las condiciones señaladas en el presente manual.

ANEXO N° 1

Para: Directores y gerentes divisionales

De: Director general

Asunto: Proyectos de mejora por gerencia

El programa Proyectos de Mejora, que se explica en este documento, es un componente más de la profundización del Proceso de calidad total que se adelanta en la División. Se sustenta en la premisa de aprender y aplicar, aprender durante la acción. Así como los conocimientos básicos de calidad y productividad, factores, indicadores y procedimientos de diagnóstico, fueron incorporados al proceso de formulación del plan estratégico 89-92, ahora se pretende iniciar, a través del programa que nos ocupa, el dominio práctico de las técnicas y enfoques más avanzados para la mejora de la calidad total.

1) Orientación de los proyectos:

En el presente año cada gerente desarrollará e implantará proyectos de mejoras de la calidad en su área de responsabilidad aplicando las técnicas y herramientas básicas y los enfoques vistos en los talleres dictados por la Gerencia de Planificación. Los objetivos y metas de dichos proyectos deben apuntar hacia:

- *Eliminación o disminución de desperdicios (transporte, espacio, equipos, horas-hombre, materiales, retrabajos).*
- *Disminución de tiempos de procesamiento sean de producción o administrativos.*
- *Elevación de la satisfacción de los clientes del área.*
- *Disminución de desviaciones, defectos o errores en los productos y servicios prestados.*
- *Disminución de las puestas a punto en los diferentes procesos para aumentar la flexibilidad.*
- *Paradas no planificadas, demoras, etc.*

2) Criterios para la selección de proyectos

Cada gerencia deberá seleccionar al menos un proyecto de mejora donde se apliquen las técnicas vistas en los talleres. Para ello, se conformarán los equipos de trabajo con representantes de los diferentes niveles organizacionales.

Cada proyecto deberá contar con la participación directa del gerente del área, el cual coordinará con el facilitador, el entrenamiento básico requerido por los participantes del equipo.

Se pondrá mucha atención a la aplicación de las técnicas y el aprendizaje de las mismas por el equipo, por tanto los proyectos deben ser escogidos fundamentalmente tomando en cuenta:

- *Que permita la aplicación de los pasos técnicos y herramientas contenidos en este texto.*
- *Que permita el trabajo en equipo y el aprendizaje de los participantes.*

- *Que tenga resultados y logros en el corto plazo, en tal sentido debe evitarse seleccionar proyectos muy complejos sobre problemas cuyos análisis y soluciones requieran un tiempo superior al señalado para su presentación en las jornadas. En todo caso si se escoge un problema complejo, debe seguirse la metodología procurando atacar paso a paso las causas del problema y obtener resultados parciales en el período mencionado.*
- *Poca inversión.*

3) Metodología:

La metodología básica a utilizar en el "Proyecto de mejora" será la establecida en el presente libro. Es de señalar que la misma podrá ser mejorada o enriquecida durante el desarrollo del proyecto, con las experiencias de:

- *Eliminación o disminución de desperdicios (transporte, espacio, equipos, horas-hombre, materiales, retrabajos).*
- *Disminución de tiempos de procesamiento sean de producción o administrativos.*
- *Elevación de la satisfacción de los clientes del área.*
- *Disminución de desviaciones, defectos o errores en los productos y servicios prestados.*
- *Disminución de las puestas a punto en los diferentes procesos para aumentar la flexibilidad.*
- *Paradas no planificadas, demoras, etc.*

4) Apoyo al desarrollo de los proyectos:

a) De la Gerencia de Planificación Estratégica:

La Gerencia de Planificación facilitará el apoyo general a los equipos de proyectos a través de los siguientes medios:

- *Entrenamiento del personal que cada gerencia seleccione para cubrir el rol de facilitadores internos.*
- *Entrenamiento a los integrantes del equipo de mejora.*
- *Asesoría a los gerentes y facilitadores internos en la conducción del proyecto y en la aplicación de las técnicas.*
- *Suministro de material de apoyo.*

b) De los facilitadores:

Con el objetivo de garantizar un avance parejo, lo más balanceado y uniforme posible, se requiere que tanto gerentes como facilitadores mantengan una estrecha relación con los equipos de trabajo, tanto en la selección, análisis, implementación y seguimiento del proyecto, como en el proceso mismo de trabajo en equipo.

5) Seguimiento:

Con el objetivo de mantener una retroalimentación permanente sobre los avances, limitaciones, nuevas necesidades y modificaciones que deban ser incorporadas al proceso, se seguirá un cronograma que le permita conocer a la unidad respectiva el avance de sus proyectos de mejora. Para ello se han establecido las siguientes fechas guías:

- Selección del proyecto de mejora y del equipo de trabajo, 30 de marzo.
- Análisis de causas del problema y jerarquización de las mismas, 27 de abril.
- Diseño de soluciones y metas, 19 de mayo.
- Implementación de acciones y resultados parciales, 31 de julio.
- Evaluación del proceso y resultados, 17 de agosto.
- Presentación de reporte del proyecto, 31 de agosto.

Es de señalar que las fechas anteriores son indicativas de la fecha tope en que debería estar cumplida cada fase del proyecto de mejora.

Capítulo IV

TECNICAS Y HERRAMIENTAS MAS UTILIZADAS

Introducción

Existen una gran cantidad de técnicas y herramientas disponibles y que son utilizadas en diferentes pasos del proceso de mejoramiento, las hay desde las muy sofisticadas y estructuradas que vienen del campo de la investigación (modelos de decisión, simulación, programación lineal, teoría de colas, etc.) o de la estadística (inferencia, procesos estocásticos, diseño de experimentos, etc.), que requieren de un elevado nivel de conocimiento especializado hasta las que utilizaremos y recomendamos en el presente texto, que son sencillas y fáciles de manejar por el común de la organización y a la vez muy potentes para lograr rigurosidad y sistematización en el proceso de mejoramiento de calidad y productividad a nivel departamental.

Es de señalar, que el uso de las técnicas aquí recomendadas no sustituyen las arriba mencionadas, más sofisticadas y necesarias para abordar problemas más complejos en la organización y en el diseño de las operaciones de la empresa.

Algunos especialistas muy dados a trabajar solos y con modelos complejos, suelen despreciar este tipo de técnicas, sin embargo, las organizaciones se mueven al ritmo del conjunto de su gente y no al de aquellos brillantes especialistas, por lo que, incluso desde la perspectiva de poder aprovechar mejor el conocimiento de los mismos, elevar el nivel promedio de todo el personal en cuanto a su capacidad para identificar y resolver problemas es un factor clave para el éxito de la empresa. Las técnicas, de las cuales presentamos un resumen y síntesis, son las siguientes:

- *Diagrama de caracterización de la unidad.*
- *Tormenta de ideas.*
- *Técnica de grupo nominal.*
- *Matrices de selección multicriterios.*
- *Diagrama causa-efecto.*
- *Diagrama de proceso.*
- *Diagrama de Pareto.*

- *Gráficas de series de tiempo.*
- *Histogramas de frecuencia.*

Según el Doctor Kauro Ishikawa el 90% de los problemas de las empresas se resuelven con las sencillas técnicas estadísticas fundamentales.

Al final del capítulo presentamos un cuadro resumen de los pasos y técnicas mas utilizadas en cada uno y las recomendaciones u observaciones a tener en cuenta.

Diagrama de caracterización de la unidad

Objetivo

La construcción del diagrama tiene por objeto homogeneizar en el equipo de trabajo el conocimiento sobre los servicios y productos de la unidad o departamento, de los insumos que utiliza y de los procesos.

Es común encontrar situaciones donde no se tiene claridad plena sobre los servicios, los atributos de éstos y de los insumos, incluso de los propios procesos o donde dicho conocimiento no es compartido por el equipo de trabajo.

Actividades

Las actividades a realizar para su construcción son las siguientes:

a) Expresar en términos concretos y específicos los objetivos funcionales del departamento o unidad.
b) Listar los clientes del departamento, es decir, aquellos que hacen uso de los servicios o productos del departamento.
c) Listar los servicios o productos que el departamento presta o entrega a los clientes.
d) Para cada servicio o producto señalar los atributos que los clientes valoran (contenido, forma, entrega, etc.).
e) Definir los procesos que llevan a la prestación del servicio o entrega del producto.
f) Listar los principales insumos que utiliza la unidad.
g) Para cada insumo señalar los atributos que el departamento valora de los mismos.

Observaciones y recomendaciones

El diagrama de caracterización de la unidad es diferente a los diagramas *input-output* utilizados en informática. Usualmente tiende a confundirse el insumo con lo que entra al sistema y producto lo que sale del sistema. Al final del capítulo presentamos un cuadro resumen de los pasos y técnicas más utilizadas en cada uno y las recomendaciones u observaciones a tener en cuenta.

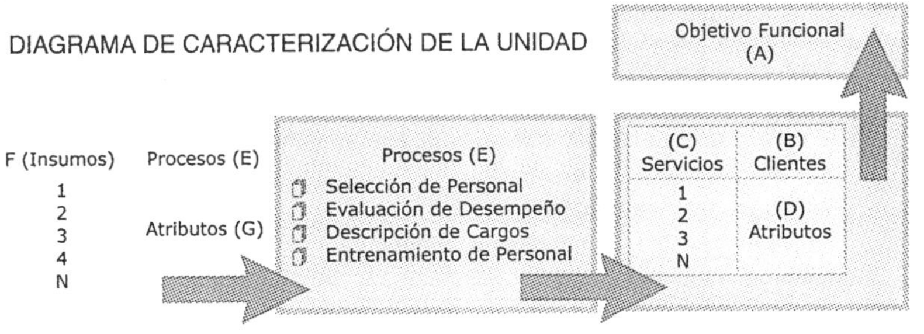

Por ejemplo: las solicitudes de trámites o prestación de servicio que llegan a la unidad no son insumos sino el vehículo a través del cual el cliente requiere el servicio.

En lo posible los atributos deben ser descriptos a través de indicadores que operacionalicen el concepto. Por ejemplo:

Atributo	**Indicador**
Oportunidad en la	entrega antes de los primeros 5 días hábiles del mes
Veracidad de la Información	menos del 2% de error en el cálculo

En el 1er ciclo no debe buscarse mucho detalle en el diagrama de caracterización, normalmente un diagrama general permite avanzar ya que su afinamiento se irá logrando en la medida que se tenga mayor dominio y control de los procesos.

Tormenta de ideas

Objetivo

Este método permite producir ideas en grupo progresivamente superiores y más completas o amplias, sobre los problemas de un área o las causas de los mismos o soluciones a éstas últimas. La sesión de tormenta de ideas debe seguir las normas básicas enunciadas a continuación, para que la participación sea amplia y para aprovechar la opinión o experiencia de los participantes:

1. *Establecer el objetivo de la reunión claramente.*
2. *Es clave, previo el inicio de las sesiones, aclarar las expectativas de los participantes respecto al objetivo de la reunión y establecerlo con precisión, así como el alcance esperado de la misma.*
3. *Prohibición estricta de la crítica.*
4. *Se prohíbe criticar las opiniones y calificarlas de buenas o malas. La persona que se sienta criticada puede sentirse cohibida para expresarse posteriormente.*
5. *Libertad y opinión libre.*
6. *No debe haber restricciones a la libre expresión de las ideas en función de aspectos como jerarquía o responsabilidad sobre la materia de la sesión; se parte del hecho de que cualquier miembro del grupo puede proponer ideas novedosas verdaderamente creativas o, si es el caso, ver problemas que otros no han advertido como tales.*

Cuantas más ideas se produzcan, mejor, ya que hay más probabilidades de que a través de ellas se llegue a la idea superior. Está prohibido decir: *«Es suficiente con estas ideas»*. Debe estimularse la generación hasta que las ideas se agoten.

- *Aprovechar las opiniones*: Se debe promover la producción de nuevas ideas a partir de la asociación o perfeccionamiento de otras ya sugeridas.
- *Facilitar la sesión*: Es importante la presencia de un facilitador que conduzca y oriente la reunión y vigile el cumplimiento de las normas básicas antes descriptas y otras específicas establecidas por los miembros, como: tiempo de la reunión, secuencia, es usual utilizar *«una idea a la vez por cada participante»*, y el tiempo de las intervenciones, así como también registrar las ideas en forma visible para todos los miembros del grupo.

Actividades

Una sesión de tormenta de ideas pasa por tres fases:

a) ***Fase de generación***: Es la fase inicial, durante la cual se aclaran las expectativas, objetivos y normas de la sesión y se procede a la generación de ideas por parte de los participantes hasta que se agoten.

b) ***Fase de clarificación***: Se revisa la lista de ideas generadas para garantizar que todos los participantes las entienden con claridad. En esta fase se pueden descartar las ideas que no correspondan al objetivo de la sesión.

c) ***Fase de evaluación***: Durante ésta el grupo revisa la lista de ideas con el objetivo de eliminar las duplicaciones e ideas que han sido enriquecidas o mejoradas con otra idea que la contiene. Esto último siempre y cuando quien la propuso esté de acuerdo en que duplica o está contenida en otra. Por último, al finalizar la sesión se aclararán en el grupo los próximos pasos (jerarquización o priorización, asignación de problemas, clasificación, etc.).

Observaciones y recomendaciones

- *En la fase de generación es conveniente que inicialmente se dé un tiempo prudencial (3 a 5 minutos) para que cada participante piense y escriba sus ideas.*
- *En la fase de clasificación es usual encontrar problemas (síntomas-efectos) mezclados con causas, lo cual, de no evitarse sesgará la solución. Por ejemplo, para definir problemas suelen agregarse a las causas las siguientes frases: falta de, carencia de, insuficiencia de. El facilitador en esta fase debe retornar el objetivo de la sesión, aclararlo y dar ejemplos de cómo se expresa el mismo.*
- *En la fase de evaluación, a partir de la síntesis, pueden surgir otras ideas las cuales deberán ser incorporadas a la lista.*

Técnica de grupo nominal

Objetivo

La Técnica de grupo nominal (TGN) es una técnica útil para situaciones en que las opiniones individuales deben ser combinadas para llegar a decisiones, las cuales no pueden o no conviene que sean tomadas por una sola persona. Ella permite la identificación y jerarquización de problemas, causas o soluciones a través del consenso en grupos o equipos de trabajo.

EJEMPLOS DE PROBLEMAS DE CALIDAD Y PRODUCTIVIDAD MAL DEFINIDOS

- *FALTA DEL ENTRENAMIENTO DEL PERSONAL*
- *DESMOTIVACION DE LA GENTE*
- *CARENCIA DE NORMAS*
- *FALTA DE SISTEMAS*
- *INSUFICIENTE ESPACIO*
- *EQUIPOS OBSOLETOS*
- *DEFICIENTE CAPACIDAD DE LA GENTE*

Actividades

La Técnica de grupo nominal se realiza en cuatro (4) fases, siendo las tres (3) primeras similares a las de tormenta de ideas y siguiendo las mismas normas. La cuarta fase es la de votación y jerarquización. En esta fase los participantes son provistos de ocho o seis tarjetas en blanco, según el número de ítems.

Cada uno debe seleccionar seis u ocho ítems y escribirlos uno por tarjeta trabajando individualmente. Al ítem de su mayor preferencia le coloca la puntuación máxima (6 u 8, según sea el caso); al ítem menos preferido le coloca puntuación 1 y así sucesivamente, hasta haber asignado puntuación a todos los ítems. Luego se registrará, por el facilitador, los puntajes que cada ítem ha tenido sobre la lista, y se establece la puntuación total de cada uno colocándose de mayor a menor.

En el cuadro detallado en la página siguiente se presenta el resultado de una aplicación de Técnica de grupo nominal.

Observaciones y recomendaciones

- *La Técnica de grupo nominal puede ser utilizada en situaciones donde no haya datos disponibles o sea difícil su obtención y no debe abusarse de la misma.*
- *Los participantes en una Técnica de grupo nominal deben tener conocimiento y experiencia sobre los asuntos que ha de jerarquizar, ya que la votación (jerarquización) se hace sobre esta base. Las*

diferencias de percepción sobre el asunto (entre ellas el desconocimiento) se reflejarán en la dispersión de los resultados.

Resultado de la aplicación de la Técnica de grupo Nominal a un problema de mantenimiento		
ACCION	**VOTOS**	**TOTAL PARTIC / PUNTOS**
Tiempo de respuesta y completación de la tarea dentro de los límites aceptados.	6-6-4-4-8	5128
Completación efectiva del trabajo: Calidad del trabajo (ausencia de desperdicio y repetición).	l-7-6-6-4-2	6126
Establecimiento de prácticas de mantenimiento.	8-8-5-2-2	5125
Supervisión efectiva.	8-5-5-5	4123
Apariencia de instalaciones.	7-7-2-5	4121
Programación de mantenimiento preventivo.	7-3-3-3-2	5118
Comunicación de tareas: Control de Personal.	8-3-3-3	4117
Programación de tareas.	7-4-2	3/13
Gerencia de emergencia o situaciones de apaga-fuego: respuesta y completación.	6-4-l	3111
Reporte efectivo de tarea.	6-l-l-2	4110
Mantenimiento de herramientas y equipos auxiliares en buenas condiciones.	7-1	218
Priorización de trabajo en la completación de la tarea.	6-l	217
Orgullo del trabajo en la complentación de la tarea.	5	115
Seguridad de tarea: trabajador y público.	4	114

Matrices de selección

Objetivo

Las matrices de selección son arreglos de filas y columnas, donde las primeras constituyen los ítems (problemas, causas, soluciones) que requieren ser seleccionados (jerarquizados) y las columnas los múltiples criterios que conviene utilizar en la selección. Cada casilla o elemento de la matriz definirá el valor relativo que le asignamos al ítem respecto al criterio (columna) respectivo. La sumatoria de los elementos de una fila definirán el peso o jerarquía del ítem respecto a los demás.

Actividades

a) Definir en el grupo los criterios que serán tomados en cuenta para jerarquizar los diferentes ítems y garantizar su comprensión a través de ejemplos.
b) Ponderar los criterios, solicitando a cada participante distribuir 100 puntos entre los diferentes criterios. La posición absoluta por los puntos sumados a cada criterio debe ser convertida en posición relativa (base porcentual).
c) Definir la escala de gradación de cada criterio (en lo posible, tratar de que sea cuantitativa).
d) Valorar cada ítem respecto de cada criterio usando la escala anterior.
e) Multiplicar el valor obtenido en cada criterio por el peso del criterio y sumar las filas.
f) Ordenar los ítems según la suma obtenida para cada uno.

Observaciones y recomendaciones

- Los criterios de selección, comúnmente utilizados según la situación, son:

Para problemas:

Impacto obtenido por su solución (ahorro, calidad, mercado, costo de oportunidad).
Facilidad de solución.
Responsabilidad del grupo sobre el problema.

Para causas:

Peso relativo de la causa en el problema (cuánto elimina).
Factibilidad (costo-beneficio).
Facilidad.
Responsabilidad sobre la causa. Tiempo.

Para soluciones:

Porcentajes de la causa que se elimina.
Costo de la solución.
Capacidad de implantarla.
Tiempo requerido.

MATRIZ DE SELECCION DE PROBLEMAS

PROBLEMAS	CRITERIOS (PESO) APLICABILIDAD DE METOD. (7)	PARTICIPACION (2)	IMPACTO EN CURSOS (3)	IMPACTO EN CALIDAD (2)	IMPACTO EN SEGUR. (1)	TOTAL
	PUNTOS / CONTRIBUCION					
1. DEMORA EN PROCESAMIENTO F.260	3 / 21	3 / 18	3 / 9	3 / 6	0 / 0	54
2. BAJA CALIDAD. ATENCION EN OFICINAS	1 / 7	2 / 12 12	/ 3	3 / 6	1 / 1	29
3. ELEVADO TIEMPO DE RECONEXION	1 / 7	1 / 6	1 / 3	2 / 4	2 / 2	22

ESCALA PARA CADA CRITERIO:

0 = NADA   1 = POCO   2 = REGULAR   3 = MUCHO

PUNTOS = Promedio de votos del grupo

CONTRIBUCION = Puntos x Peso

TOTAL = Suma de contribuciones

- Cuando no sea posible cuantificar la escala de gradación de los criterios podrá aplicarse una gradación cualitativa (poco, normal, mucho, etc., o deficiente, regular, bueno, excelente) asignado para efectos de cálculo un valor a cada nivel. En el cuadro anterior se presenta un ejemplo de matriz de selección de problemas donde, entre los criterios, se incorporan el aprendizaje de la metodología y las técnicas y el fomento de la participación.

Diagrama causa-efecto

Objetivo

El Diagrama causa-efecto o también llamado de *Espina de Pescado*, permite analizar de una manera integral, las diferentes causas que explican un problema determinado, facilitando el proceso de búsqueda de causas al sugerir ramas y agrupaciones de las mismas. La regla de oro para identificar causas es preguntarse sucesivamente el «Porqué» de cada situación hasta tanto se agote la explicación.

Actividades

Las actividades necesarias para construir un Diagrama causa-efecto son:

a) Listar las causas que pueden explicar el comportamiento del efecto bajo estudio, para ello puede hacerse una tormenta de ideas.
b) Subagrupar las causas según su afinidad, en tal sentido conviene utilizar las bases de subagrupación de 4M (5) a 6M.
  - *Causas relativas a materiales.*
  - *Causas relativas a maquinaria.*
  - *Causas relativas a mano de obra (destrezas, conocimientos).*
  - *Causas relativas a métodos y sistemas.*
  - *Causas relativas a supervisión (management).*
  - *Causas relativas a la motivación.*

c) Con la subagrupación realizada es posible que haya ramas poco indagadas por lo que las mismas deberían ser complementadas.
d) Jerarquizar las ramas más importantes para profundizar el diagrama en las mismas.

(5) Originalmente se usan las 4M, sin embargo, a veces, es conveniente la M de mano de obra, subdividirla en supervisión, motivación, conocimientos y destrezas.

Observaciones y recomendaciones

- *Como fue planteado en el 2do. paso de la metodología, las primeras espinas, flechas o ramas del diagrama causa-efecto deberían ser subdivisiones del problema o efecto, ello para evitar que al utilizar las bases de subagrupación de las 4M o 6M las causas sean poco específicas.*
- *Conviene, en cada rama, jerarquizar las flechas para evitar gastar esfuerzo en causas sin verdadero peso.*
- *La subdivisión del problema (primeras ramas) puede ser realizada según los siguientes tipos de diagrama:*

a) El tipo serie o proceso es aplicable a situaciones tales como:
   - *Demoras en la entrega.*
   - *Desperdicio de un insumo en particular que se pierde o consume en el proceso.*

b) El tipo paralelo es aplicable a situaciones tales como:
   - *Rechazos por defectos o errores.*
   - *Desperdicio de insumos en general.*

Sin embargo, algunos problemas requieren de la combinación de ambas subdivisiones.

Diagrama de procesos

Objetivo

Es un diagrama en el cual se registran las actividades que se ejecutan para realizar un trabajo o producir un producto o servicio.

El Diagrama de procesos permite de una manera gráfica:

1) *Develar excesivas situaciones de demora, almacenamiento o transporte.*
2) *La combinación de actividades operación-inspección, operación-transporte o inspección-transporte, etc.*
3) *Actividades simultáneas.*

Símbolos empleados

Operación: 

Indica las fases del proceso, método o procedimiento en el cual la pieza, materia o producto se modifica de forma o contenido, física o químicamente.

En el trabajo administrativo se dice que hay «operación» cuando se da o se recibe una orden o información, se llena un formato o cuando se hacen planes o cálculos.

Inspección::

Indica que se verifica algún atributo de calidad o cantidad, o ambos, sin que se modifique la materia o insumo objeto de transformación.

Transporte:

Indica el movimiento del objeto de análisis (trabajador, material y equipos) de un lugar a otro.

Depósito provisional o espera:

Indica demora en el desarrollo de los hechos. Por ejemplo: material en espera entre dos operaciones sucesivas o para ser transportado, o por la espera de complementación del lote de transferencia, igualmente abandono momentáneo de cualquier objeto hasta que se necesite.

Almacenamiento:

Indica depósito de un objeto para cuya nueva movilización o uso se requiera una orden o autorización.

Actividades combinadas:

Cuando se desea indicar que varias actividades son ejecutadas al mismo tiempo en un mismo lugar de trabajo, se combinan los símbolos de tales actividades; por ejemplo, un círculo dentro de un cuadrado representa la actividad combinada de operación e inspección.

Tipos de diagrama de proceso

El diagrama tiene tres bases posibles, las cuales no deben ser mezcladas:

a) Del operario: diagrama de lo que hace la persona que trabaja.

b) Del material: diagrama de cómo se procesa el material.
c) Del equipo/maquinaria: diagrama de cómo se emplea.

Recomendaciones para la construcción y uso de diagramas de proceso

Las actividades que figuran en el diagrama deben recogerse por observación directa. Los flujogramas no deberán hacerse de memoria sino a medida que se observa el trabajo, salvo cuando se trate de ilustrar un proyecto para el futuro.

Los diagramas deberían llevar:

a) Nombre del producto, material o equipo representado.
b) Trabajo o proceso que se realice, indicando claramente el punto de partida y de término y si el método es el utilizado o proyectado.
c) Lugar en que se efectúa la operación (departamento, fábrica, local, etc.).
d) Nombre del observador y el de la persona que aprueba el diagrama.
e) Fecha del estudio.
f) Clave de los símbolos empleados, por si acaso utilizan posteriormente el diagrama, personas habituadas a símbolos distintos.
g) Resumen de la distancia y el tiempo por tipo de actividad y para el total.
h) El ideal que debemos buscar en un proceso es que el mismo tenga la mayor proporción posible de operaciones que agregan valor al producto, puesto que son las únicas que hacen evolucionar el producto de su estado de materia prima al de artículo acabado.

Esas son las actividades «*productivas*»; todas las demás, por necesarias que sean, pueden considerarse «*no productivas*». Las primeras actividades, cuya utilidad debe ponerse en tela de juicio, serán las manifiestamente "no productivas", entre ellas los almacenamientos y esperas, que de hecho inmovilizan capital (inventarios) o utilizan espacio, equipos y gente que podrían invertirse con mejor provecho. A vuelta de página (pág. 48), se observa un flujograma modelo de un proceso industrial cualquiera, con todas sus operaciones paso a paso.

El análisis crítico de las actividades no productivas se hace con el objeto de:

a) Eliminar.
b) Combinar.
c) Ordenar de nuevo.
d) Simplificar.

Diagrama de Proceso

FLUJOGRAMA OPERARIO/PRODUCTO/EQUIPO FECHA:

OBJETO. OPERARIO

ACTIVIDAD: FUNCION DEL OPERADOR DURANTE EL PROCESO DE TEJIDO DE ETIQUETAS

METODO: ACTUAL/PROPUESTO

ELABORADO POR:

RESUMEN			
ACTIVIDAD	ACTUAL	PROPUESTO	DIFERENCIA
OPERACION ○	10	07	03
TRANSPORTE ⇨	02	00	02
ESPERA D	01	00	01
INSPECCION □	03	02	01
ALMACENAMIENTO △	00	00	00

Nº	DESCRIPCION	CANTIDAD	DISTANCIA MTS.	TIEMPO MIN.	SIMBOLO ○	⇨	D	□	△	OBSERVACIONES
01	APAGA EL TELAR				●					
02	DESMONTA CANILLAS			10	●					
03	LLEVA CANILLAS A CANILLERAS		20	0.50		●				
04	ESPERA POR HILADOS DE CANILLAS			45			●			
05	TRAE CANILLAS AL TELAR		20	0.60		●				
06	MONTA CANILLAS EN EL TELAR			20	●					
07	ENCIENDE EL TELAR				●					
08	OBSERVA TEJIDO POR UNOS CMS.			10				■		
09	APAGA EL TELAR				●					
10	AJUSTA EL PEINE			20	●					
11	ENCIENDE EL TELAR				●					
12	OBSERVA TEJIDO POR UNOS CMS.			10				■		
13	APAGA EL TELAR				●					
14	CALIBRA EL RELOJ CONTADOR			03	●					
15	ENCIENDE EL TELAR				●					
16	OBSERVA EL PROCESO DE TEJIDO			480				■		HASTA PROXIMO
										CAMBIO DE CANILLAS
	TOTAL		40	10						

Para ello se analizan sistemáticamente las principales actividades no productivas según las siguientes preguntas:

PREGUNTAS		ACCIONES
¿Qué	se hace en realidad?	ELIMINAR
¿Por qué	hay que hacerlo?	Partes innecesarias del trabajo.
¿Dónde	se hace? ¿Porqué se hace allí?	COMBINAR siempre que sea posible.
¿Cuándo	se hace? ¿Porqué se hace en ese momento?	ORDENAR de nuevo la sucesión de las operaciones para obtener mejores resultados.
¿Quién	lo hace? ¿Porqué lo hace esa persona?	
¿Cómo	se hace? ¿Porqué se hace de ese modo?	SIMPLIFICAR

Gráfico de Pareto

Este gráfico pone visualmente en evidencia los diferentes niveles de incidencia entre las varias causas simultáneas que producen un determinado efecto.

Según el principio de Pareto, entre las muchas causas presentes, sólo hay pocas de importancia vital (cerca de un 20% que representan el 80% del problema) y muchas de poca importancia (alrededor de un 80% que contribuye en un 20% a la magnitud del problema). En tal sentido, nos recuerda que en situaciones de recursos escasos debemos comenzar eliminando las pocas causas vitales.

Si bien la priorización puede prescindir del gráfico es recomendable utilizarlo como instrumento didáctico.

El gráfico permite una fácil visualización del orden de proporcionalidad de los varios tipos de causas, con mayor claridad que las tablas o cuadros de datos. Para construir el diagrama se deben realizar las siguientes actividades:

a) Ordenar de mayor a menor el impacto absoluto de los ítems a comparar.

b) Calcular el impacto relativo individual y acumulado de mayor a menor.

c) Con los datos anteriores construir el diagrama tal como se muestra en la figura siguiente Primero los bloques y luego las diagonales.

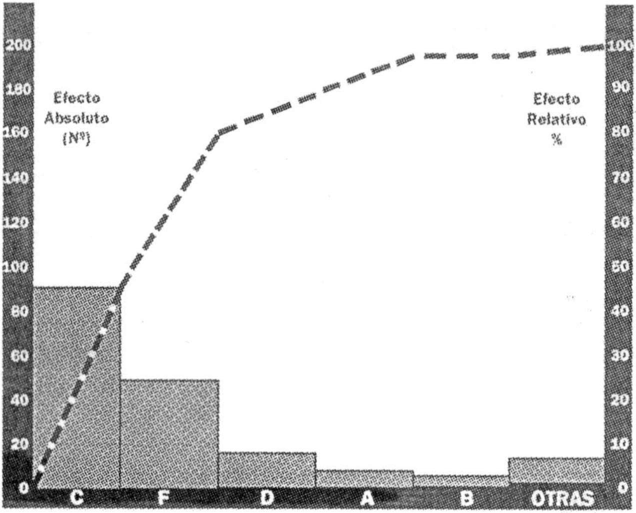

C=90 F=70 D=15 A=10 B=5 Otras=10

Recomendación

No debe prescindirse de la graficación, ella ayuda a la comprensión del problema.

<u>Gráficas de series de tiempo</u>

Objetivo

Las gráficas de series de tiempo permiten analizar el comportamiento de un indicador (ya sea de calidad o de productividad) en el tiempo, de tal manera que podamos identificar:

- *Posibles tendencias en el indicador al alza o baja, o estaciónales.*
- *Variabilidad del mismo y si el proceso está bajo control.*
- *Situaciones donde se pueden identificar causas especiales que explican el comportamiento fuera de lo normal.*
- *Capacidad del proceso.*

Antes de hacer análisis estadísticos más profundos sobre la media, desviación, límites de control utilizados en las gráficas de control, las series de tiempo facilitan la observación del proceso para evitar aquellas causas que lo desestabilicen e impidan que el mismo tenga un comportamiento normal.

Actividades

Tomar una serie de lecturas o datos representativos ordenándolos según su secuencia en el tiempo y calcular la media de los mismos. Dibujar la gráfica utilizando el eje de las ordenadas para el valor del indicador y el eje de las abscisas para el tiempo y trazar la media. Analizar el gráfico.

Observaciones y recomendaciones

- *Cuando construimos series de tiempo con agregados promedios, debemos tomar en cuenta los lapsos de agregación (promedio de día, semana o mes) ya que las variaciones comúnmente tienen explicaciones especiales, relativamente fáciles de identificar, en los lapsos cortos (días, semanas) mas no en los largos (meses, trimestres, años).*
- *Series de tiempo sobre base semanal o mensual con variaciones elevadas, nos estarán diciendo que el comportamiento normal debería estar alrededor de las mejores situaciones y que las peores situaciones pueden ser explicadas por razones o causas identificables, que la mayoría de las veces nos refieren a deficiencias en las acciones de mantenimiento.*

En la figura superior de la página siguiente, podemos observar el comportamiento de los rechazos (calidad) de productos terminados en una planta mes a mes, antes y después de ser analizado y atacado el problema, y en la figura inferior el comportamiento de consumo unitario de un insumo (productividad). Como puede verse, la serie de tiempo nos informa la alta variabilidad del proceso y su comportamiento anormal, la media y la desviación no tienen ningún significado sino sólo para el cálculo en sí mismo, ya que no permiten predecir en lo más mínimo el comportamiento del sistema con cierta precisión.

Obviamente si hemos logrado durante todo un mes (en tres meses) situaciones alrededor de 0,5% de rechazos y alrededor de 0,15 Kg/unidad, es lógico pensar que la capacidad del proceso debería estar en ese orden, si no ocurriesen las causas especiales que determinan rechazos y consumos superiores a 1,25% o 0,22 kg/unidad. Efectivamente el comportamiento más controlado y normalizado a partir de agosto se logra a través de la eliminación de una serie de causas asignables, tales como: incumplimiento de programas de mantenimiento, incumplimiento en la calidad de conformidad de los materiales, incumplimientos de las prácticas operativas y de los controles.

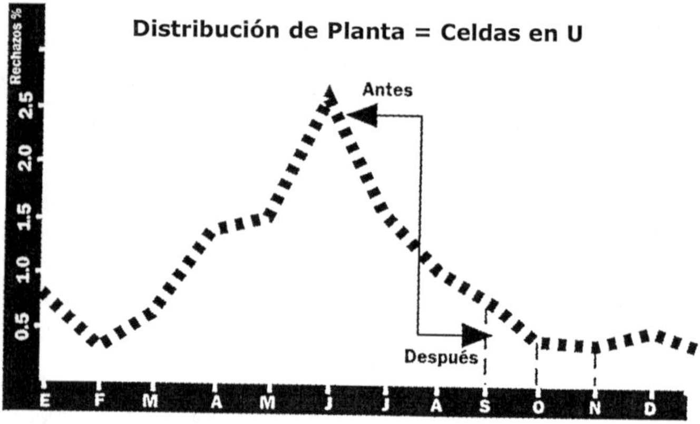

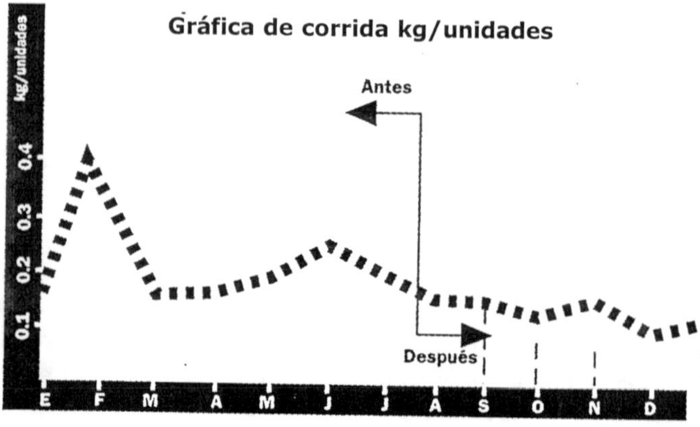

Histograma de frecuencia

Objetivo

El histograma de frecuencia nos permite visualizar el comportamiento de un proceso respecto de una variable de la cual deseamos conocer su variación para responder preguntas tales como:

- *¿Existe un comportamiento normal de proceso respecto a la variable?*
- *¿Es preciso el proceso?, es decir, la dispersión de los valores no es grande respecto a la media de los mismos?*
- *¿Es exacto el proceso, es decir, la media del proceso coincide con el valor deseado o pretendido?*

Dependiendo de la respuesta a las preguntas anteriores (que nos puede dar el histograma) los cursos de acción serán diferentes, de allí la importancia de contar con una herramienta sencilla como los histogramas de frecuencia.

Actividades

Para construir el histograma de frecuencia, debemos realizar las siguientes actividades:

a) De la tabla de datos recogidos identificar los valores máximos y mínimos (*Vmax y Vmin*) que toma la variable y calcular el intervalo de la muestra (*R*): (*R = Vmax – Vmin*)

b) Determinar el número de clases (*NC*) en el cual serán subagrupados los datos utilizando la siguiente fórmula: *NC = Vn*, donde *n* es el número de datos recogidos.

c) Calcular el ancho de cada clase (*Ac*) o subgrupo de datos dividiendo el intervalo (*R*) entre el número de clases (*NC*): *Ac = R/Nc*.

d) Determinar los límites inferiores (*LI*) de las clases a partir de *Vmin*, sumando el ancho de clase hasta llegar a *Vmax*.

LI1 = Vmin

LI2 = Vmin + Ac

LI3 = LI2 + Ac

e) Determinar los límites superiores (*LS*) de las clases restando al límite inferior de la clase siguiente la menor diferencia entre los datos.

LS1 = LI2 – Diferencia mínima entre datos

LS2 = LI3 – Diferencia mínima entre datos

f) Agrupar los datos según los límites de clase definidos estableciendo la frecuencia absoluta (*Fa*) (número de datos en cada clase) y la frecuencia relativa (*Fr*) como el cociente entre la frecuencia absoluta y el número de datos totales por cien.

g) Calcular la mediatriz de cada clase tomando el valor medio de los datos de cada clase. En caso de número de datos impares el promedio de dos valores intermedios.

h) Dibujar el histograma, en las abscisas se coloca la mediatriz y en las ordenadas la frecuencia absoluta y/o relativa.

Analizar el histograma. Ver Tabla N° 1 en la cual se ha construido el histograma correspondiente a los datos de la tabla N° 2.

TABLA N° 1 - CALCULO DE FRECUENCIAS

Clases	Mediatriz de clase	Histograma	Fa	Fr
851-857	854	////	4	0,020
858-864	861	++++ ////	9	0,045
865-871	868	++++ ++++ ++++ ++++	20	0,100
872-878	875	++++ ++++ ++++ ++++ ++++ ///	28	0,140
879-885	882	++++ ++++ ++++ ++++ ++++ ++++	30	0,150
886-892	889	++++ ++++ ++++ ++++ ++++ ///	28	0,140
893-899	896	++++ ++++ ++++ ++++ +++	23	0,115
900-906	903	++++ ++++ ++++ ++++	20	**0,100**
907-913	910	++++ ++++ ///	14	0,070
914-920	917	++++ ///	9	0,045
921-927	924	++++ //	7	0,035
928-934	931	///	3	0,015
935-941	938	///	3	0,015
942-948	945	//	2	**0,010**

TABLA N° 2
DIAMETRO DE 200 PERNOS EXPRESADOS EN CENTESIMAS DE MILIMETROS

881	880	905	878	872
864	882	877	890	898
868	896	878	906	886
875	895	902	893	904
890	875	902	919	900
871	873	889	927	904
911	882	851	888	907
942	890	891	892	877
893	875	857	879	883
867	865	923	903	867
920	911	915	882	873
909	889	905	929	863
861	926	900	881	880
933	874	885	880	870
874	879	910	907	918
869	867	866	888	899
878	892	872	901	914
890	902	885	887	864
894	865	892	903	882
910	886	885	876	876
886	859	915	924	914
876	894	908	904	879
881	901	895	893	886
897	939	921	884	908
883	904	892	947	880
897	878	871	912	873
876	874	912	862	889
893	889	901	870	878
900	883	891	937	922
885	896	894	913	887
906	862	868	884	888
891	887	869	899	884
874	888	866	885	895
917	869	925	909	879
877	866	894	931	885
871	860	891	883	883
881	863	916	913	870
853	898	868	898	897
935	896	875	872	899
877	892	878	903	879

Observaciones y recomendaciones

- *Es conveniente, antes de elaborar el histograma, verificar a través de la serie de tiempo si el proceso es estadísticamente estable, ya que en caso de no serlo pueden sacarse conclusiones erróneas, además que es innecesaria su construcción.*
- *El histograma puede revelar la necesidad de estratificar o subdividir la variable (problema) bajo análisis cuando presenta formas irregulares, varias modas o picos o excesiva dispersión, sin embargo, esto debe ser evitado en el paso dos de la metodología.*

IMPRESO y ENCUADERNADO POR
OFFSET DIFO S.H.
ROSARIO 4751 – ADOLFO SOURDEAUX
1612 BUENOS AIRES – ARGENTINA
Telefax: 4748-4905
Celular: 15-4034-4873
e-mail: offsetdifo@arnet.com.ar
MARZO DE 2001